Chile
The Art of Wine

Origo Ediciones • Santiago, Chile
The Wine Appreciation Guild • San Francisco, California

Chile
The Art of Wine

Sara Matthews

Chile The Art of Wine
Sara Matthews
www.saramatthews.com

First Published in Chile, 2004 by Origo Ediciones
Padre Alonso de Ovalle 748, Santiago de Chile, www.origo.cl
First Published in the United States, 2004 by The Wine Appreciation Guild
360 Swift Avenue, South San Francisco, CA 94080, www.wineappreciation.com

U.S.A. ISBN 1-891267-73-6
Library of Congress Control Number: 2003111896
Chile ISBN 956-8077-11-1
Inscripción Registro de Propiedad Intelectual: 134452

Managing Editor: Hernán Maino Aguirre
Executive Art Editor: Sara Matthews
Design Editor: Adolfo Torres Cautivo
Spanish Text Editor: Antonia Viu
English Text Editor: Alex Shaw of The Wine Appreciation Guild.

Printed by Quebecor World Chile

Title page photo: Maipo river at dawn, Don Melchor vineyard / *Atardecer en el Río Maipo, viñedo Don Melchor.*

Acknowledgements
Agradecimientos

Years ago, José Mingo and Douglas Murray encouraged me to do a book about Chile. In 2001 Alexandra Marnier Lapostolle provided the perfect opportunity to do so when she asked me to photograph the work in the vineyard and the cellars at Casa Lapostolle in all four seasons. I created the majority of the images for this book during trips to Chile in January and November, 2002, and April 2003.

I would like to thank the following individuals who provided counsel, encouragement, and support for this project:

Almaviva: Felipe Larraín.
Casa Lapostolle: Alexandra Marnier Lapostolle, Michel Friou, Cyril de Bournet, José Manuel Rogers and Héctor Rojas.
Concha y Toro: Rafael and Isabel Guilisasti.
Cousiño Macul: Arturo Cousiño and Colin Rogers.
Errázuriz: Eduardo Chadwick and Eduardo Wexman.
Montes: Aurelio Montes, Douglas Murray and Alfredo Vidaurre.
Veramonte: Augustín Huneeus Sr., Augustín Huneeus Jr., Gwen McGill, Christine Lillienthal and Rodrigo Tapia.

Eduardo Wexman spent many hours organizing this project, serving as the liason between myself and the wineries. Without him this book never would have become a reality. Alfredo Bartholomaus helped smooth the way starting with my first trip to Chile in 1994. Tomás Fabres, an art photographer in his own right, has been a great assistant, taking care of all the details so I could fully focus on creating the pictures for this book. Hernán Maino of Origo did a beautiful job designing and printing this book. His expertise was greatly appreciated.

I want to thank my father, Dr. Talbert Williams, for teaching me how to carry on a conversation with anyone; to my sisters, Rebecca Wood, for inspiring with her art, and Carrie Rogers, for listening; and to my mother, Nancy Lester, for all her love and good cooking. Finally I would like to thank my husband, Thomas, for his constant support, and for giving me leave to go on all those long trips to Chile.

Hace ya varios años, José Mingo y Douglas Murray me dieron la idea de escribir un libro sobre Chile. En el 2001 tuve la oportunidad perfecta para hacerlo cuando Alexandra Marnier Lapostolle me pidió que fotografiara el trabajo en las viñas y las bodegas de Casa Lapostolle a lo largo del año. La mayoría de las imágenes de este libro fueron producidas durante viajes a Chile realizados en enero y noviembre de 2002 y en abril de 2003.

Me gustaría agradecer a las personas que me aconsejaron, estimularon y apoyaron durante este proyecto:

Almaviva: Felipe Larraín.
Casa Lapostolle: Alexandra Marnier Lapostolle, Michel Friou, Cyril de Bournet, José Manuel Rogers y Héctor Rojas.
Concha y Toro: Rafael e Isabel Guilisasti.
Cousiño Macul: Arturo Cousiño y Colin Rogers.
Errázuriz: Eduardo Chadwick y Eduardo Wexman.
Montes: Aurelio Montes, Douglas Murray y Alfredo Vidaurre.
Veramonte: Augustín Huneeus padre, Augustín Huneeus hijo, Gwen McGill, Christine Lillienthal y Rodrigo Tapia.

Eduardo Wexman dio muchas horas de su tiempo a la organización de este proyecto, como intermediario con las viñas. Sin él, este libro jamás se habría hecho realidad. Alfredo Bartholomaus facilitó las cosas desde mi primer viaje a Chile, siendo un excelente asistente y preocupándose de todos los detalles para que yo pudiera concentrarme por completo en crear las fotografías para este libro. Hernán Maino, de Origo Ediciones, hizo un hermoso trabajo diseñando e imprimiendo este libro. Su experiencia ha sido extremadamente valiosa.

Quiero dar las gracias a mi padre, Dr. Talbert Williams, por enseñarme a entablar una conversación con cualquiera; a mis hermanas, Rebecca Wood, por inspirarme con su arte, y Carrie Rogers, por escucharme; a mi madre, Nancy Lester, por todo su amor y talento como cocinera. Finalmente, quisiera agradecer a mi marido, Thomas, por su constante apoyo y por permitirme realizar todos esos largos viajes a Chile.

Sara Matthews
Brooklyn, New York

Table of Contents
Índice de Contenidos

Cabernet Sauvignon leaf.
Hoja de Cabernet Sauvignon.

Foreword

Prólogo

Thinking about the long, rich history of Chilean wine, I'm struck by the parallels between Chile's development, and my own love affair with wine.

I discovered good wine when I lived in Spain in the 1970s. I began tasting seriously in Bordeaux, during the 1980s. I learned about the wider world of wine when I returned to the US as a writer and taster for Wine Spectator in the 1990s. Now, as Executive editor, my goal is to give the magazine a distinctive voice and a consistent character.

And Chile? Well, this beautiful country's first European settlers were Spaniards, who brought grapes and made the first wines. In the 19th century, an influx of French grape varieties and winemaking expertise from Bordeaux gave rise to a modern wine industry. By the end of the 20th century, stimulation from and competition with the US, particularly California, led to international success. Now, in the 21st century, Chilean winemakers are exploring the riches of their native terroir to create wines with distinctive, consistent character, which are well-structured, harmonious and complex.

Perhaps it was because of these parallels that I felt so immediately at home when I first visited Chile, ten years ago. I was impressed by the enthusiasm of the wine community and the potential of the vineyards. Since then, constant investment, relentless experimentation and increasing experience and skill have led to remarkable progress. The tale is easily told, by tracing the inexorably rising scores the top Chilean wines have received from Wine Spectator and other important wine magazines around the world.

The wineries that have supported this book are also the recipients of many of those top scores. It's no coincidence. Achieving technical quality and esthetic excellence takes the same kind of commitment. That these wineries are willing to put their efforts into both wine and art is proof of their determination to achieve their ambitious goals. As for the book itself, I believe it was a fortunate day for both the wine region and the photographer when their paths crossed. Sara accompanied me on that first visit to Chile, and has returned many times since. She knows and respects this country and its wine culture. **Chile The Art of Wine** reflects her vision of the wines and vineyards of Chile, one that we can share by enjoying her images on the page, and the wines in our glass.

Al pensar en la larga y rica historia del vino chileno, me impresiona el paralelo que existe entre el desarrollo de Chile y mi propia historia con el vino.

Descubrí el buen vino cuando viví en España en los 70, pero empecé a apreciarlo realmente al vivir en Burdeos durante los 80. Conocí el enorme mundo del vino de vuelta en Estados Unidos, como escritor y catador de Wine Spectator en los 90. Hoy, como editor ejecutivo de esta publicación, mi meta es dar a la revista una voz y un sello propios.

¿Y Chile? Bueno, los primeros habitantes europeos de este bello país fueron españoles que trajeron la vid e hicieron los primeros vinos. En el siglo XIX, el influjo de cepas francesas y de técnicas enológicas bordelesas dieron origen a una gran industria vitivinícola. A fines del siglo XX, la competitividad estimulada por la naciente relación vitivinícola con Estados Unidos, especialmente con California, la llevaron al éxito internacional. Hoy, en el siglo XXI, los enólogos chilenos exploran la riqueza de su terruño nativo para crear vinos con un carácter distintivo y consistente, bien estructurados, armónicos y complejos.

Quizás estas coincidencias han sido las que me llevaron a sentirme de inmediato en casa la primera vez que visité Chile, hace diez años. Me impresionó el entusiasmo de la comunidad vitivinícola y el potencial de las viñas. Desde entonces, la constante inversión, la incansable investigación y la creciente experiencia y habilidad en el área han traído un progreso digno de destacar. Esto resulta evidente al seguir la evolución de los puntajes otorgados a los mejores vinos chilenos por Wine Spectator y otras importantes revistas de vinos alrededor del mundo.

*Las viñas que han apoyado este libro son también las que han recibido gran parte de esos puntajes. No es coincidencia; para alcanzar calidad técnica y excelencia estética se requiere el mismo tipo de compromiso. El que estas viñas estén dispuestas a poner su esfuerzo tanto en el vino como en el arte es una prueba de su determinación por alcanzar las metas más ambiciosas. En cuanto al libro, creo que el encuentro entre la fotógrafa y esta región vitivinícola fue muy afortunado. Sara me acompañó en mi primera visita a Chile, y ha regresado muchas veces desde entonces. Conoce y respeta este país y su cultura vitivinícola. **Chile El Arte del Vino** refleja su visión de los vinos y viñas de Chile, la que podemos compartir al disfrutar las imágenes de cada página, y los vinos en nuestra copa.*

Thomas Matthews
Executive Editor
Wine Spectator

Father and son removing weeds by hand at a vineyard in Apalta, Colchagua Valley.
Padre e hijo desmalezando a mano en un viñedo de Apalta, Valle de Colchagua.

Introduction

Introducción

I have traveled through wine regions all over the world, and each one is unique. Chile is special because of its geography, its culture and its people.

Chile's vineyards lie in the narrow valley between the Pacific Ocean and the Andes Mountains, which is never more than 60 miles wide. The proximity to the magnificent Andes, and the haunting quality of the Pacific fog, influences everything about this wine region. Its combination of climate and geography –what the French call terroir– gives its vineyards, its wineries and its wine their special, distinctive character.

I have tried to portray this terroir, this distinctive character, through my photographs. Each chapter groups a different aspect of the wine region. Some are more conceptual, such as The Flow, which embraces mountain streams and flowing wine. Other chapters are more descriptive of the vineyards and wineries that make Chile's fine, distinctive wines.

The other big influence on the quality of the wines in Chile is the people, who are so passionate about what they do. In general, they are sensitive, sensual people who have a love of life that is exemplified by their attention to the pleasures of the table. Chile has a wonderful mix of people – young, talented homegrown winemakers, foreigners who came because they believe in Chile's potential, vineyard workers who toil with passion and skill. I have enjoyed photographing all these people, from the vineyard workers to the winery owners. Each person brings their unique experience and skills to the wines that they make.

One of the things I like best about my work is seeing the sun rise and set every day. Even though it is hard to get up long before sunrise, I love being out in the vineyard when the sky is just getting light. At that time the world is still asleep and I have the whole vineyard to myself. Every sunrise is different; the light, clouds and colors are infinitely variable.

The light in Chile is particularly clear and beautiful, thanks to the typically low humidity in the air. Sometimes I feel like I'm "chasing" the light, searching for the places where the light is most beautiful. It may be a single grape leaf, or a detail of the architecture, but it is the way the light falls on the subject that makes the image memorable. I am always looking for things in nature that are beautiful that I can capture and show to the viewer. I call this "Art by God".

He viajado por regiones vitivinícolas de todo el mundo, y cada una de ellas es única. La geografía, la cultura y la gente de Chile lo hacen un lugar muy especial.

Los viñedos de Chile se ubican en el angosto valle entre el Océano Pacífico y la cordillera de los Andes, que nunca sobrepasa los 100 kilómetros de ancho. La cercanía entre los viñedos de Chile y la imponente cordillera de los Andes, junto con las nostálgicas nieblas del Pacífico influencian profundamente esta región vitivinícola. Su combinación de clima y geografía –lo que los franceses llaman terroir– da a sus viñedos, a sus bodegas y a sus vinos un sello y carácter únicos.

He tratado de retratar este terroir a través de mis fotografías. Cada capítulo muestra un aspecto diferente de la región vitivinícola. Algunos son más conceptuales, como "El Flujo", que habla de las fuentes de regadío, pero que también trata de representar el fluir del vino. Otros capítulos son más descriptivos de los viñedos y las viñas que producen los vinos finos y propios de Chile.

Otro factor importante en la calidad de los vinos de Chile es su gente, quienes desbordan pasión por lo que hacen. En general, los chilenos son sensibles y sensuales, con un amor a la vida que se muestra en la atención que brindan a los placeres de la buena mesa. Chile posee una maravillosa mezcla de gente: enólogos jóvenes y talentosos, hechos en casa; extranjeros que vinieron porque creyeron en el potencial de Chile; trabajadores hábiles y apasionados, desde quienes están a cargo de las faenas vitivinícolas hasta los dueños de las viñas. Cada persona otorga su experiencia y destreza al vino que juntos elaboran.

Una de las cosas que más me gustan de mi trabajo es ver amanecer y atardecer cada día. Aunque no es fácil despertarse mucho antes de que salga el sol, me encanta estar en los viñedos cuando el cielo recién comienza a iluminarse. A esa hora el mundo aún está durmiendo y tengo los viñedos sólo para mí. Cada amanecer es diferente, ya que la luz, las nubes y los colores presentan infinitas variaciones.

La luz de Chile es particularmente clara y bella, gracias a la baja humedad del aire que la caracteriza. A veces siento que estoy "cazando" la luz, buscando los lugares en donde es más bella. Puede ser una simple hoja de parra o un detalle de la arquitectura, pero es el modo en que la luz cae sobre el objeto lo que crea una imagen inolvidable. Siempre busco aspectos hermosos de la naturaleza

Cement tanks for holding water.
Estanques de cemento para almacenar agua.

I only take pictures outdoors when my shadow is taller than I am. That is to say, when the sun is low in the sky in the early morning or the late afternoon. At this time the shadows are more interesting, and the color of the light is more beautiful and saturated. At sunset, the rivers turn silver against the green vineyards.

At high noon the light outside is flat and white, so at mid day I go into the cellars. Instead of lighting the space with flash, I prefer using long exposures of up to 30 seconds to give a more natural feeling to the existing incandescent lighting, which is usually rather dramatic. Chile has wonderful 19th century cellars, made of beautiful old stonework.

When I'm photographing, I look for interesting colors, textures, patterns and shapes. Shadows interest me in the way they throw objects and architecture into relief. With this book I have tried to go further than I have ever gone into art photography. Some pictures, such as "The Lees Filter", are like abstract paintings created in the medium of photography.

Part of the joy of a book project is becoming part of the community as I work with the same people over the seasons. My Chilean assistant, Tomás Fabres, has been an essential member of my team, and I have drafted as many as a dozen helpers to carry out a specific project at one winery or another. Sometimes I feel like a Hollywood director as I am lifted on a fork lift high above the vineyard, and the workers take their places for a group portrait. I think it also helps the winery workers get a different perspective on their world.

I hope these images will make you feel as though you have been to Chile, and become part of its wine community. There is an art to making wine, and each wine region in the world has its own style and character. I have tried to portray the art of wine in Chile through these photographs. I recommend viewing them with a glass of Chilean wine in your hand.

que pueda capturar y mostrar a quien mire mis fotos. A esto le llamo "El arte de Dios".

Sólo tomo fotografías en exteriores cuando mi sombra es más alta que yo. Esto sólo ocurre cuando el sol está bajo en el cielo, temprano en la mañana o durante el atardecer. En esos momentos las sombras son más interesantes y el color de la luz más hermoso y saturado. Al atardecer, los ríos se vuelven plateados por contraste con el verdor de los viñedos.

A mediodía, la luz exterior es plana y blanca, así es que aprovecho de entrar a las bodegas. En vez de iluminar el recinto con flash, prefiero usar largas exposiciones de hasta 30 segundos para dar una sensación más natural que la de la luz incandescente, que tiende a ser demasiado dramática. Chile posee maravillosas bodegas del siglo XIX, de antigua y hermosa cantería.

Cuando tomo fotografías, busco texturas, colores, patrones y formas interesantes. Las sombras me atraen porque dan relieve a los objetos y a la arquitectura. Con este libro he tratado de ir más allá de todo lo que hasta ahora había hecho en el arte de la fotografía. Algunas fotos como "El filtro de las borras", son como pinturas abstractas creadas por medio de la fotografía.

Parte de la alegría de hacer un libro es poder volverse parte de una comunidad al trabajar con las mismas personas en las diferentes épocas del año. Mi asistente chileno, Tomás Fabres, ha sido un miembro esencial del equipo, y en algunos proyectos he tenido que trabajar hasta con 12 ayudantes en una u otra viña. A veces me siento como una directora de Hollywood cuando me subo a una grua horquilla para tomar una foto de la viña desde arriba, y los operarios toman su lugar para un retrato grupal. Creo que esto también ayuda a que los trabajadores de la viña tengan una perspectiva diferente de su mundo.

Ojalá estas fotografías los hagan sentir como si hubieran conocido Chile y formaran parte de su cultura del vino. Hacer vinos es un arte y cada región vitivinícola del mundo tiene un carácter y un estilo propios. A través de estas fotografías he tratado de retratar el arte de hacer vinos en Chile. Les sugiero que las vean gozando una copa de vino chileno.

Sara Matthews
Brooklyn, New York

Stainless steel tank for wine fermentation.
Estanque de acero inoxidable para la fermentación del vino.

The Flow
El Flujo

The flow begins as the snow melts in the Andes. Water runs down the mountains into streams and rivers, where it is channeled into the vineyards. With very little rainfall, the winegrower can give the vines just the right amount of water to create concentrated flavors in the grapes.

The grapes are harvested, and when the grapes and yeast come together, the amazing process of fermentation begins. As the yeast eats the sugar in the grapes, alcohol is produced and wine is born.

Another kind of flow is the flow of fog rolling into the vineyards from the chilly Pacific Ocean. Early one morning at Veramonte, in the Casablanca Valley, we saw the fog rolling in like a huge cloud on the ground. Soon the sun warmed the land, evaporated the fog, and we went from wearing coats to t-shirts within minutes. This kind of cool nighttime temperature keeps the acidity levels higher during ripening, an important factor in the quality of the wine.

El flujo del agua comienza al derretirse la nieve en los Andes. El agua corre montaña abajo nutriendo esteros y ríos, desde donde se canaliza hacia las viñas. Con muy pocas precipitaciones, el viticultor puede dar a las parras la cantidad exacta de agua para obtener sabores concentrados en las uvas.

Las uvas son cosechadas y, al entrar en contacto con las levaduras, comienzan el increíble proceso de la fermentación. A medida que las levaduras consumen el azúcar de las uvas se va produciendo el alcohol y nace el vino.

La niebla que circula hasta las viñas desde el gélido Oceáno Pacífico también fluye. Una mañana temprano en Veramonte, en el Valle de Casablanca, vimos la niebla acercarse hacia el suelo como una inmensa nube. Muy pronto el sol entibió la tierra evaporando la niebla y debimos quitarnos los abrigos y quedarnos rápidamente en camiseta. Son estas frescas temperaturas nocturnas las que mantiene los niveles de acidez altos durante la maduración, un factor muy importante para la calidad de los vinos.

Irrigation canal that brings water from the Maipo River to the vineyards.
Canal de regadío que trae a los viñedos agua del Río Maipo.

Pacific fog withdrawing at dawn over Veramonte's vineyards in Casablanca Valley.
Neblina marina retirándose al amanecer sobre los viñedos de Veramonte en el Valle de Casablanca.

The vineyards in the Aconcagua Valley are irrigated mostly by the Aconcagua River.
El regadío de los viñedos del Valle del Aconcagua proviene en gran parte del río Aconcagua.

Irrigation of the vineyards must be controlled in order to asure the quality of grapes.
El riego de los viñedos debe ser controlado para garantizar la calidad de las uvas.

Water also flows in the fountains of the old parks of some wineries.
El agua también fluye en las fuentes de los antiguos parques de algunas viñas.

Pumping de-stemmed Chardonnay grapes into the vat for fermentation.
Mosto de Chardonnay al ser bombeado dentro del estanque de fermentación.

Projection over stainless steel produced by the racking of Cabernet Sauvignon.
Reflejo del remontaje de Cabernet Sauvignon sobre el acero inoxidable.

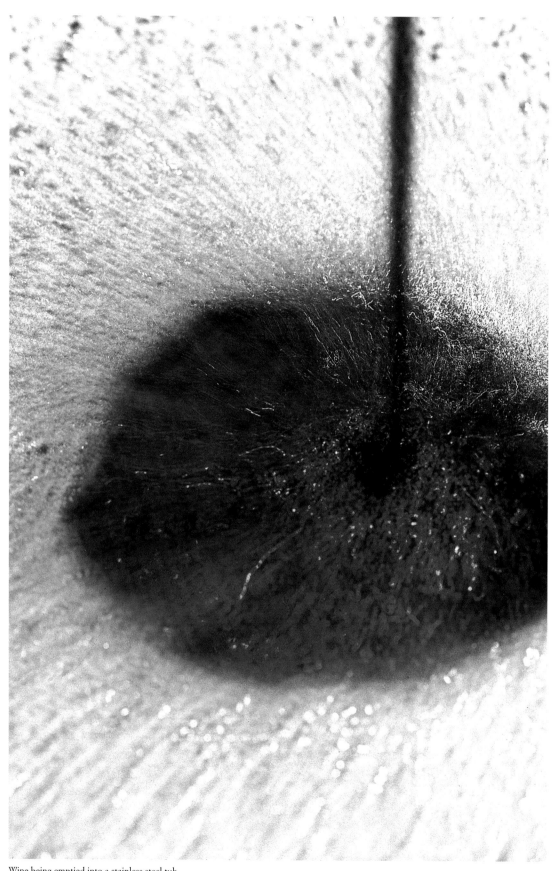

Wine being emptied into a stainless steel tub.
Vino vertiendose a una cuba de acero inoxidable.

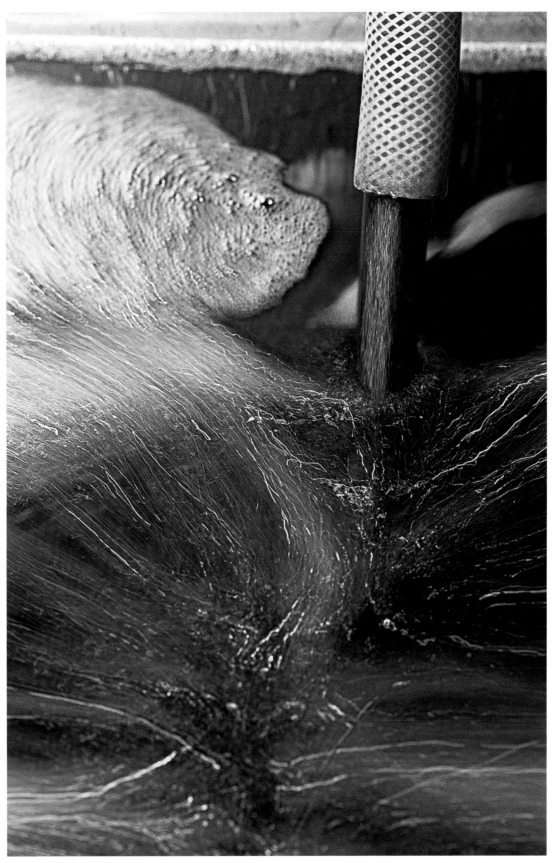

The racking of Cabernet Sauvignon creates beautiful forms as it gives air to the must.
El remontaje de Cabernet Sauvignon forma hermosas figuras a medida que da aire al mosto.

The Mountains

Las Montañas

The Andes are a long chain of volcanic mountains that run the whole length of Chile (2,670 miles). Aconcagua, the highest peak, is 23,197 feet high. The vineyards are never more than a few miles from the mountains, so the mountains can be seen from the vineyards almost everywhere. Even when they are out of sight, their presence is felt in the cool air descending from the mountain tops in the early evening, and the flow of water that comes from the snow on the Andes Range.

In the early days of Chile's wine industry, most of the vineyards were planted in the fertile valleys, and these vineyards still produce the grapes that fuel the country's success with affordable good wines. Recently, adventurous winemakers have been planting vineyards higher up in the hills, or closer to the coast, increasing the difficulty of the work to improve the quality of their grapes, and their wines. Hillside vineyards, such as those of Errázuriz at Panquehue, or Casa Lapostolle and Montes at Apalta provide some of the most distinctive images in the book.

Los Andes son una gran cadena de montañas volcánicas que abarcan todo el largo de Chile (4.300 km). El Aconcagua, su cumbre más alta, alcanza los 6.959 metros de altura. Las viñas están a unos pocos kilómetros de los Andes, de manera que las montañas pueden verse desde casi cualquier lugar de los viñedos. Incluso cuando no pueden verse, su presencia se puede sentir el fresco aire que desciende de las montañas cuando comienza a atardecer, y en los flujos de agua que vienen de la nieve desde las cumbres cordilleranas.

En los primeros tiempos de la industria vitivinícola en Chile, la mayoría de las viñas eran plantadas en los valles más fértiles; estos viñedos aún producen las uvas que alimentan el éxito de Chile como productor de vinos de calidad y accesibles. Recientemente, aventurados viticultores han plantado viñas en lugares más altos de los cerros, o más cerca de la costa, aumentando las dificultades del trabajo con el fin de mejorar la calidad de las uvas y de sus vinos. Las viñas ubicadas en laderas de cerros como las de Errázuriz en Panquehue, Casa Lapostolle y Montes en Apalta, dan algunas de las imágenes más impresionantes del libro.

The misty lake before dawn. Veramonte, Casablanca Valley.
Laguna cubierta por neblina antes del amanecer. Veramonte, Valle de Casablanca.

Old cactus in Errázuriz's new Syrah vineyard overlooking the winery. Aconcagua Valley.
Antiguo cactus que mira hacia la bodega en el nuevo viñedo de Syrah de Viña Errázuriz. Valle del Aconcagua.

La Campana mountain peak dominates this vineyard in the Aconcagua Valley.
La cima del cerro La Campana domina este viñedo en el Valle del Aconcagua.

Clos Apalta vineyard seen from a slope. Colchagua Valley.
Viñedo Clos Apalta visto desde una ladera. Valle de Colchagua.

Veramonte's vineyards lie at the foothills of the Coastal Range. Casablanca Valley.
Los viñedos de Veramonte se extienden a los pies de la cordillera de la Costa. Valle de Casablanca.

The astounding presence of the Andes is always there at Seña's vineyard. Aconcagua Valley.
La presencia de la imponente cordillera de los Andes está siempre presente en el viñedo de Seña. Valle del Aconcagua.

Outdoor dining under the "Ceibo" tree at Almaviva, Maipo Valley.
Almuerzo al aire libre bajo un Ceibo en Viña Almaviva, Valle del Maipo.

Fog creeping over the hills in Apalta, Colchagua Valley.
Neblina escalando los cerros en Apalta, Valle de Colchagua.

Seen from Viña Cousiño Macul, the skyscrapers of downtown Santiago with the Coastal Range beyond. Maipo Valley.
Desde Viña Cousiño Macul se pueden apreciar los edificios del centro de Santiago con la cordillera de la Costa de fondo. Valle del Maipo.

From Santa Isabel vineyards (2,145 feet altitude), the snow of the highest Andean peaks can be seen. Maipo Valley.
Desde el viñedo Santa Isabel, ubicado a 715 metros de altura, se pueden ver las nieves eternas en la cordillera de los Andes. Valle del Maipo.

Las Vertientes vineyard, Aconcagua Valley.
Viñedo Las Vertientes en el Valle del Aconcagua.

The Work
El Trabajo

No matter whether the vineyards are in Bordeaux, California or Chile, much of the fundamental work remains the same. There are dozens of tasks that are repeated hundreds of times at each winery. Most wine lovers are unaware of these gestures done at specific times throughout the year in the vineyard and the cellar. In this chapter, I have tried to capture the poetry of this work.

In the winter, each vine must be pruned by hand. Vineyards are plowed to aerate the soil and remove weeds; in Chile, some wineries still choose horses and plows, or men with hoes. Vines are tied to the wires to support the weight of the grapes. Stray shoots are removed to direct vigor to the grapes. When the red grapes start to turn color in late summer, some grape bunches are removed by hand, leaving only the best to ripen on the vine.

Every winery has a team of dedicated people who persevere in cold cellars and windy hillsides to carry out these tasks. The quality of their work in even the most simple of tasks is reflected in the quality of the finished wine. They are all part of the bigger team that works together to create the wines we all enjoy.

Gran parte del trabajo que involucra una viña es el mismo, sin importar si ésta se encuentra en Burdeos, California o en Chile. Existe una docena de tareas que se repiten cientos de veces en cada viña. La mayoría de los amantes del vino no conocen dichas labores, que se realizan en determinados momentos del año tanto en los viñedos como en la bodega. En este capítulo, he tratado de capturar la poesía de ese trabajo.

En el invierno, cada parra debe ser podada a mano. Las viñas se aran para airear la tierra y retirar la maleza; en Chile, algunas viñas aún prefieren que este trabajo sea realizado con arados tirados por caballos o simplemente por hombres con azadones. Las parras se amarran a alambres para que soporten el peso de los racimos. Los brotes desviados se eliminan para que el vigor de la parra se concentre en las uvas. Cuando las uvas tintas empiezan a adquirir su color al final del verano, algunos racimos son removidos a mano, dejando sólo que los mejores maduren en la parra.

Cada invierno, un equipo de dedicadas personas permanece por horas en las frías bodegas o en ventosas laderas para realizar estas tareas. La calidad del trabajo que desempeñan incluso en la labor más humilde, se refleja en la calidad del vino obtenido. Todos ellos son parte de un equipo mayor, que trabaja unido para crear el vino que luego disfrutamos.

Tying vines onto the wires and removing lower shoots in early summer.
Remosión de brotes y amarra de sarmientos a principios del verano.

Moving barrels in the cellar, before filling them with wine.
Operario moviendo barricas en la bodega antes de comenzar a llenarlas con vino.

After racking, the wines are kept in the barrels for ageing.
Después del llenado de las barricas el vino permanecerá madurando en ellas.

Hedging vines by hand with a machete. Colchagua Valley.
Parras chapodadas a mano con un machete. Valle de Colchagua.

Picking leaves out of the Sauvignon Blanc grapes on the way to the press.
Remosión de hojas en la mesa de selección antes que las uvas de Sauvignon Blanc entren a la prensa.

Weed removal around the vines by hand at Apalta Vineyard.
Desmalezado manual entre las hileras del viñedo Apalta.

Weed removal by hand allows careful inspection of the vines. Colchagua Valley.
El desmalezado manual permite una cuidadosa inspección de las parras. Valle de Colchagua.

Tying vines onto the wires in spring. Casablanca Valley.
Amarra de sarmientos durante la primavera. Valle de Casablanca.

In spring, wild flowers transform the vineyards in a beautiful garden. Colchagua Valley.
En primavera, las flores silvestres hacen del viñedo un bello jardín. Valle de Colchagua.

Planting Merlot in the San José de Apalta vineyard, Colchagua Valley.
Plantación de Merlot en el viñedo San José de Apalta, Valle de Colchagua.

Tilling around the vines with horse and plow is an old labor that nowadays is done mainly by tractors. Colchagua Valley.
El cultivo del suelo con arado a caballo es una antigua labor que hoy es realizada principalmente por tractores. Valle de Colchagua.

The Cellar
La Bodega

A winery is a partnership between nature and man, the vineyard and the cellar. The cellar is where the wines are fermented and aged. Chile's wine history is centuries old, and its wineries span the 19th to the 21st century.

Some wineries, such as Concha y Toro and Cousiño Macul, have preserved the magnificent traditional wineries that date to the first flush of the Chilean wine industry, in the 1870s. They boast underground cellars with beautiful stone arches that are more than 100 years old. These cellars have very steady cool temperatures perfect for aging wine in barrels. Images of old bottles in the "wine library" give an immediate idea of wine's ability to keep the past alive.

Other wineries are new creations, some in a more contemporary style, such as Veramonte in Casablanca, itself a relatively new wine region. These wineries use all the newest technology, but they are still determined to explore Chile's unique character. Both old and new cellars are full of interesting subjects, from the old arches at Errázuriz to the perfect rows of stainless steel tanks at Almaviva.

Una viña surge de la unión entre la naturaleza y el hombre, entre los viñedos y la bodega. La bodega es el lugar en donde los vinos fermentan y envejecen. En el caso de Chile, algunas de sus bodegas también recuperan una tradición que es ya centenaria, trayendo el siglo XIX al presente.

Algunas viñas, como Concha y Toro y Cousiño Macul, han conservado magníficas bodegas tradicionales que nos hablan de los albores de la industria vitivinícola chilena en 1870. Estas viñas exhiben orgullosas bodegas con hermosos arcos de piedra construidas hace más de un siglo. Dichas bodegas mantienen temperaturas frescas, perfectas para albergar las barricas en que se envejece el vino. Las imágenes de antiguas botellas en la cava de vinos nos da una idea inmediata del poder de éste para mantener vivo el pasado.

Otras viñas son creaciones recientes; algunas de estilo moderno, como Veramonte en Casablanca, que también es una región que sólo recientemente se ha integrado a la producción de vinos. Usando tecnología de punta, estas viñas se han propuesto explorar el carácter singular del vino chileno. Tanto las nuevas como las antiguas bodegas están llenas de objetos interesantes: desde los antiguos arcos de Errázuriz, hasta las columnas de tanques de acero inoxidable de Almaviva.

Entrance to the old cellar of Errázuriz at Panquehue, Aconcagua Valley.
Entrada a la antigua bodega de barricas de Viña Errázuriz en Panquehue, Valle del Aconcagua.

The oldest cellars still lighten the corridors with candles.
Las bodegas más antiguas aun iluminan los pasillos con velas.

Candles create a misterious atmosphere in the old cellars.
Las velas crean una misteriosa atmósfera en las antiguas bodegas.

The underground cellar of Cousiño Macul was built in 1870 using the "cal y canto" system.
La bodega subterránea de Cousiño Macul fue construida en 1870 con el sistema cal y canto.

The old underground cellars still keep the ideal conditions for ageing the best wines.
Las antiguas bodegas subterráneas mantienen hasta hoy las condiciones óptimas para madurar los mejores vinos.

In an old underground cellar, a long corridor leads to the wine library.
En una antigua bodega subterránea, un largo pasillo conduce a la cava de vinos.

Cousiño Macul's wine library storages vintages dating since 1927. Maipo Valley.
La cava de vinos de Cousiño Macul mantiene cosechas que datan desde 1927. Valle del Maipo.

Wines patiently wait for their best moment to be tasted.
Los vinos esperan pacientemente su mejor momento para ser degustados.

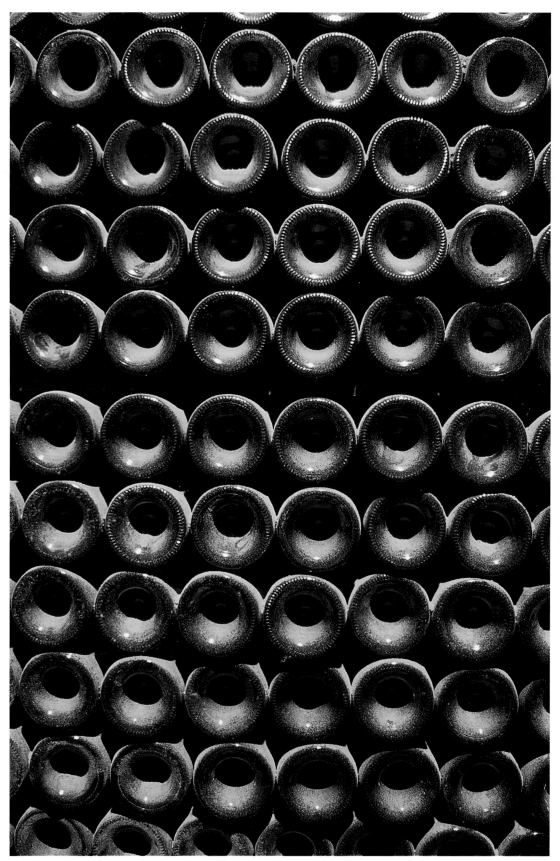

Dust shows the passage of time in the wine library.
El polvo refleja el paso del tiempo en la cava de vinos.

Entrance to Casillero del Diablo cellar. Concha y Toro, Maipo Valley.
Entrada a la Bodega Casillero del Diablo. Concha y Toro, Valle del Maipo.

A unique legend surrounds the old Casillero del Diablo cellar.
Una singular leyenda rodea la antigua bodega de Casillero del Diablo.

Wine ageing in oak barrels.
Vino madurando en barricas de roble.

In Almaviva, glass bungs in barrels show the traditional *mapuche* symbol "Kultrún".
En Almaviva, los tapones de vidrio de las barricas muestran el símbolo tradicional mapuche llamado "Kultrún".

The Vineyard

El Viñedo

All wine is born in the vineyard. Good wine cannot be made without good grapes, so how the grapes are farmed is crucial to the overall quality of the wine.

Most vineyard regions show one dominant form of viticulture, whether it's the head-pruned vines of the Southern Rhône Valley, or the cordon system of Bordeaux, which is also the most common in Chile.

At first glance, it may seem that all vineyards are more or less the same, long rows of vegetation pruned to fill corridors of posts and wire. But I find that vineyards are full of beautiful geometry. Rhythm is created as the vines march across the land, producing interesting perspectives.

The vine, too, is different in every season from the gnarled brown fists of winter to the soft green halos of spring and the bunches heavy at harvest time. Vines change with age, too, their trunks and principal branches becoming thicker, stronger, more distinctive. I like to think of these old vines as people, and my images as their portraits.

Todo vino nace en los viñedos. El buen vino no puede hacerse sin buenas uvas, de modo que la manera en que se cultivan las uvas es vital para la calidad final del vino.

La mayoría de las regiones vitivinícolas muestran una forma de viticultura dominante, ya sea las parras podadas en cabeza del valle sur del río Rhône al sistema de cordón usado en Burdeos, que es el más común en Chile.

A primera vista, puede parecer que todos los viñedos son más o menos iguales: largas filas de vegetación, podadas para cubrir corredores de postes y alambres. Sin embargo, creo que los viñedos poseen una geometría bellísima. La manera en que las parras van distribuyéndose en el terreno marca un ritmo que produce perspectivas muy interesantes.

La viña cambia en cada estación, desde los nudosos puños café del invierno a las suaves aureólas verdes de la primavera y los pesados racimos en época de vendimia. Las parras también cambian con el tiempo: sus troncos y las principales ramas se vuelven más gruesos, fuertes y distintivos. Me gusta imaginar estas viejas parras como si fueran personas, y mis fotografías sus retratos.

Old Cabernet Sauvignon vines.
Antiguas parras de Cabernet Sauvignon.

Old vines in the Don Melchor vineyard. Maipo Valley.
Antiguas parras en el viñedo Don Melchor. Valle del Maipo.

Merlot vines at Montes' Apalta vineyard, Colchagua Valley.
Parras de Merlot en el viñedo Apalta de Montes, Valle de Colchagua.

Montes' Apalta vineyard. Colchagua Valley.
Viñedo Apalta de Montes. Valle de Colchagua.

Vines run out of sight over the slopes of Casablanca vineyard.
Las parras se pierden de vista sobre las colinas del viñedo Casablanca.

Beautiful shades of green contrast with the shining blue skies in summer. Casablanca Valley.
Hermosos matices de verde contrastan con el brillante cielo azul del verano de Casablanca.

Vineyard patterns often create beautiful designs, especially seen from above.
Las tramas en el viñedo a menudo forman hermosos diseños, especialmente al verlas desde lo alto.

Fog in the Apalta vineyard. Colchagua Valley.
Neblina en el viñedo Apalta. Valle de Colchagua.

Tractor tracks in a foggy Casablanca vineyard.
Huellas de tractor en un brumoso viñedo de Casablanca.

New plantation in the Santa Isabel vineyard, Maipo Valley.
Nueva plantación en el viñedo Santa Isabel, Valle del Maipo.

Requinoa vineyard at Cachapoal Valley.
Viñedo Requinoa en el Valle del Cachapoal.

The Details

Los Detalles

Chilean vineyards can offer endless views and wineries can be big as factories, but the world of wine is also one of details. These are things many people never see, and I hope my images will show the beauty that lies hidden in the details of the everyday.

In the vineyard, something stands out: a bunch of grapes in flower, or a tendril emerging. Sometimes a backlit leaf can look like a stained glass window. Or an old vine can look like a dancing lady carrying a bunch of grapes. These can be visual jokes, or nearly abstract. They are often as much about light or color as they are about their subject. My macro lens gives me the opportunity to photograph the tiniest details, showing the world a microcosm that even the vineyard workers have not seen.

Aunque los viñedos puedan ofrecer extensiones infinitas y las bodegas de vinificación puedan ser tan grandes como industrias, el mundo del vino está lleno de detalles. Éstos son matices que la mayoría de la gente no ve, y espero que mis fotografías ayuden a iluminar esos aspectos escondidos en los detalles cotidianos.

En medio de un viñedo a veces surge un racimo de uvas en flor o un zarcillo: a veces una hoja que recibe luz por detrás puede parecer una ventana de vidrio de color; una vieja parra evoca una mujer bailando con un racimo de uvas en la mano. Estos pueden ser ilusiones visuales, casi abstractas, pero a menudo tienen tanto que ver con la luz o el color como con su propia naturaleza. Mi lente macro me permite fotografiar hasta el menor detalle, rebelando un microcosmos que ni siquiera quienes trabajan en la viña pueden ver.

Grape stems after de-stemming.
Escobajo de racimo después de despalillar.

Grape bunch begining to flower.
Racimo comenzando la floración.

A grape bunch in flower is the fragile beginning of a wine.
Un racimo en floración es el frágil comienzo de un vino.

Grape bunch in full flower.
Racimo en plena floración.

Chardonnay grapes in the morning sunlight.
Racimo de Chardonnay bañado por la luz de la mañana.

Leaf close-up that shows the fine details of its texture.
El acercamiento a una hoja de vid permite apreciar los finos detalles de su textura.

Native Chilean palm tree trunk.
Tronco de una palma nativa chilena.

Chardonnay leaf in the early morning fog.
Hoja de Chardonnay bañada por la neblina matinal.

Mullein flower in the vineyard.
Flor de Mitrún en el viñedo.

Carménère and Sauvignon Blanc grape leaves.
Hojas de Carménère y Sauvignon Blanc.

Storage shed in the Micaela vineyard, Curicó Valley.
Bodega de herramientas en el viñedo Micaela, Valle de Curicó.

Grafted baby vine ready for planting.
Almácigo de vid injertada lista para plantarse.

Pattern of tractor tracks in the red earth of a Casablanca vineyard.
Huellas de tractor en el suelo arcillloso de un viñedo en Casablanca.

The Equipment

La Tecnología

Winemaking is at heart a very simple process, but a revolution in winery technology has put exceedingly sophisticated tools at the winemaker's disposal. Some wineries are state of the art, while others remain committed to more traditional equipment. Most often, wineries use elements of both approaches.

The winemaker has many new tools to increase the quality of the wines. For example, until the 1980s, most Chilean wine was fermented in vats made of the native beech, called "Raulí" (*Nothofagus nervosa*). These were difficult to keep clean and sometimes imparted an undesirable flavor to the wines. Today stainless steel tanks are the standard, and the white wines can be refrigerated during fermentation and aging to keep the intensity of the fruit flavors alive. In addition, wineries are now using the best new French oak barrels to mature their top wines.

These images show that wine is not only farming, or some craft process. It requires investment, labor and know-how.

La elaboración de vinos es esencialmente un proceso muy simple, pero la revolución tecnológica que se ha producido en esta área ha puesto a disposición del enólogo herramientas altamente sofisticadas. Algunas viñas son de última generación, mientras que otras mantienen una preferencia por tecnologías más tradicionales. Lo que se ve con más frecuencia son viñas que utilizan una combinación de elementos modernos y otros tradicionales.

El enólogo actual tiene muchos recursos para mejorar la calidad de los vinos. Antes de los 80, por ejemplo, gran parte del vino chileno era fermentado en cubas de la madera nativa "Raulí" (Nothofagus nervosa). Éstos eran difíciles de limpiar y a veces le daban un sabor desagradable al vino. Hoy, los tanques de acero inoxidable son los más usados, y los vinos blancos pueden ser refrigerados durante la fermentación y la guarda para conservar la intensidad de los sabores de la fruta. Además, hoy en día las viñas utilizan las mejores vasijas de roble francés nuevas para madurar sus vinos de mayor calidad.

Estas imágenes muestran que el vino no es sólo una actividad agrícola, o algún tipo de proceso artesanal. Exige inversión, trabajo y conocimiento.

Chiller for making white wine.
Equipo de frío para vino blanco.

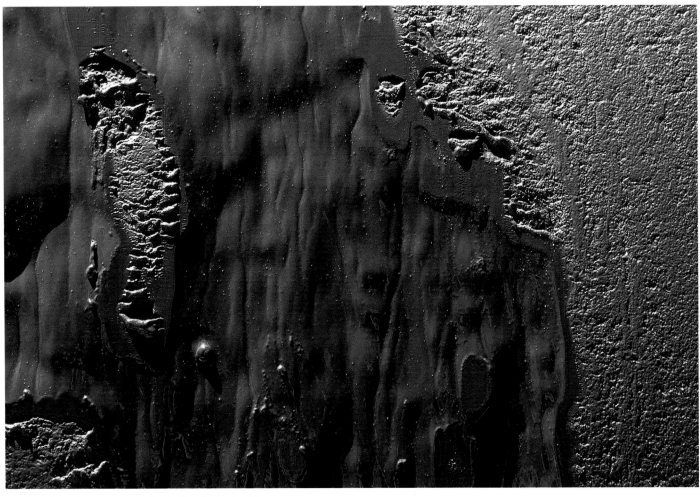

Amazing colors and textures appear when looking closely a lees filter.
Sorprendentes colores y texturas se encuentran al mirar de cerca un filtro de borras.

Thermometers on a white wine chiller.
Termómetros del equipo de frío para vinos blancos.

Stainless steel tanks show the colors at dawn.
El acero inoxidable de los estanques refleja los interesantes colores del amanecer.

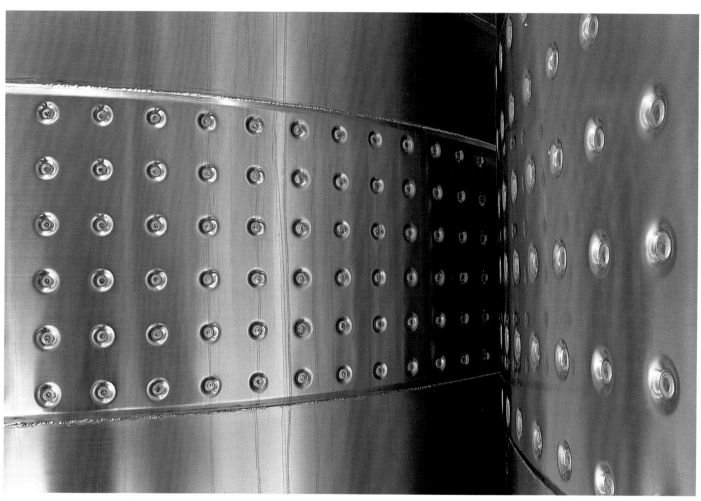

Stainless steel tanks are a must in the wine making process.
Los estanques de acero inoxidable son parte elemental en el proceso de vinificación.

Hose in stainless steel tank ready to receive de-stemmed grapes for fermentation.
Estanque de fermentación listo para recibir el mosto de las uvas.

Architectural detail at Almaviva's new winery.
Detalle arquitectónico en la nueva bodega de Viña Almaviva.

Glove and vineyard clippers in the vineyard.
Guantes y tijera para podar en el viñedo.

Traditional "Huaso" hats for sale in the outdoor market in Santa Cruz.
Venta de sombreros de huaso en el mercado de Santa Cruz.

Door of a stainless steel tank.
Puerta de un estanque de acero inoxidable.

Stainless steel tank. Almaviva, Maipo Valley.
Estanque de acero inoxidable. Viña Almaviva, Valle del Maipo.

The Grapes

Las Uvas

Grapes are the very heart of wine. Winemakers often say you can make good wine from great grapes, but you can't make great wine from good grapes. You need great grapes, and great grapes make for striking images, richly colored as jewels and in bunches sculpted by nature.

Chile's principal grapes –Cabernet Sauvignon, Carménère, Chardonnay and Sauvignon Blanc– are part of the wine region's French heritage. One of the big advantages of growing grapes in Chile is that there are few problems with mildew and pests because the low humidity. During the flowering of the grapes in early summer, the weather is usually mild and clear, allowing for all the berries to become pollinated and swell to ripen over the summer. At harvest time, the grapes can hang on the vine until the moment of perfect ripeness, without worry that autumn rains will come and dilute the intensity of the grapes.

These images of grapes are natural still lifes. I love the way the bunches change in shape and size through the growing season, and the way they're practically bursting with color and flavor when they're picked.

Las uvas son el verdadero corazón de un vino. Los enólogos generalmente dicen que se puede hacer buen vino de uvas excelentes, pero que no se puede hacer un vino excelente de uvas buenas. Se necesitan uvas excelentes, las que forman imágenes sorprendentes, tan coloridas como joyas y en racimos esculpidos por la naturaleza.

Las principales uvas de Chile –Cabernet Sauvignon, Carménère, Chardonnay y Sauvignon Blanc– son parte de la herencia francesa en la región. Una de las mayores ventajas de cultivar uvas en Chile es que hay muy pocos problemas de mildeu u otras pestes, por su gran sequedad. Durante el florecimiento de las uvas a comienzos del verano, el clima es por lo general suave y despejado, lo que permite que todas las bayas sean polinizadas y que se hinchen para madurar durante el verano. En la vendimia, las uvas pueden colgar de la parra hasta el momento en que están perfectamente maduras, sin temor a que las lluvias del otoño diluyan la intensidad de las uvas.

Estas imágenes de uvas parecen verdaderas naturalezas muertas. Me encanta la manera en que los racimos van cambiando de forma y tamaño durante la estación de crecimiento, y el momento en que casi estallan de color y sabor cuando son finalmente recogidas.

Cabernet Sauvignon harvest.
Vendimia de Cabernet Sauvignon.

De-stemming Syrah by hand.
Despalillado manual de Syrah.

Cabernet Sauvignon ready for harvest on a foggy morning.
Cabernet Sauvignon listo para cosecharse en una brumosa mañana.

Chardonnay harvest takes place in Chile during March.
La cosecha de Chardonnay se lleva a cabo en Chile durante el mes de Marzo.

Cabernet Sauvignon grapes just harvested.
Racimos de Cabernet Sauvignon recién cosechados.

Removing grapes at veraison lowers the yield and improves quality.
El raleo de racimos durante la pinta reduce la producción y mejora la calidad de las uvas.

The shape of this old vine suggests a "dancing lady".
La forma de esta antigua parra evoca una bailarina en movimiento.

Old vines with grapes at harvest time. Maipo Valley.
Antiguo viñedo cargado de uvas durante la vendimia. Valle del Maipo.

Chardonnay ready for harvest.
Chardonnay listo para cosecharse.

Chardonnay grapes on the way to the winery.
Racimos de Chardonnay camino a la bodega.

Cabernet Sauvignon grapes on the way to the winery.
Racimos de Cabernet Sauvignon camino a la bodega.

The Team
El Equipo Humano

There are three fundamental elements to every wine region: nature in the vineyard, technology in the winery, and the creative intelligence of the people who do the work. I take my greatest satisfaction in photographing the people in any wine region. Not just at their tasks, but formal portraits, so you can meet them face to face. In this way their personal contributions can be acknowledged and honored.

There are many different jobs in the cellars and vineyards that must be performed in order to grow the grapes and make the wine. Some people are specialized in one aspect, while others change their tasks from season to season as the work evolves. It takes every kind of skill to make great wine.

Of course, the winery owners and principal winemakers are the most important element of their teams. They supply the resources and the direction. But for the most part the world already knows about them. They don't need to be pictured here.

Instead, I have focused on the people who do day-to-day labor. No matter where I went in Chile, the people were warm and cooperative, helping me to get the best photographs possible. These people are polite, humble and hard working. They have been well trained, have many years of experience and know how to do their jobs well. Thanks to their labors, we can enjoy the wonderful wines they produce.

Hay tres elementos fundamentales en cada región vitivinícola: la naturaleza en el viñedo, la tecnología en la bodega de vinificación, y la inteligencia creativa de quienes realizan el trabajo. Lo que más me gusta es fotografiar a la gente de cada región vitivinícola. No sólo cuando realizan sus labores, sino también en retratos formales para que puedan darse a conocer y recibir el reconocimiento que su trabajo merece.

Existen muchos trabajos en la bodega y en los viñedos que deben ser ejecutados a fin de cosechar la uva y elaborar el vino. Algunas personas se especializan en un aspecto, mientras que otras cambian de tarea de estación en estación, a medida que el trabajo va variando. Todas las habilidades son necesarias para obtener un buen vino.

Sin duda, los dueños de la viña y los enólogos más destacados son la parte más importante del equipo. Ellos suministran los recursos y son quienes dirigen los procesos. Es por eso que el mundo ya los conoce, no necesitan estar retratados aquí.

La gente que realiza las labores cotidianas, en cambio, han capturado mi atención. En cada lugar que estuve la gente fue amable y cooperadora, lo que me ayudó a obtener mejores fotografías. Los chilenos son educados, humildes y trabajadores. Han recibido un excelente entrenamiento y tienen la experiencia que les permite hacer bien su trabajo. Gracias a ese trabajo, podemos disfrutar los maravillosos vinos que allí se producen.

Harvest winery crew.
Equipo de trabajadores para la vendimia.

Tractor drivers are the ones who connect the vineyard and the winery during the harvest.
Los conductores de tractor son el puente que une el viñedo y la bodega durante la vendimia.

Team removing the shoots from the lower vines in early summer.
Equipo de trabajadoras removiendo los brotes a principios del verano.

Workers in charge of shoots removal.
Equipo de trabajadores a cargo de la remosión de brotes.

Worker removing grape clusters in late summer.
Trabajadora mientras ralea un racimo a fines del verano.

Workers tying on vine shoots in early summer.
Trabajadoras durante la amarra de sarmientos a principios del verano.

Team of workers tying on vine shoots in early summer at Casa Lapostolle, Casablanca vineyard.
Equipo de trabajadoras a cargo de la amarra de sarmientos a principios del verano. Viña Casa Lapostolle, Valle de Casablanca.

Almaviva winery crew at harvest time.
Equipo de trabajadores de Viña Almaviva durante la vendimia.

Seña vineyard manager Miguel Hidalgo. Aconcagua Valley.
Miguel Hidalgo, administrador del viñedo Seña. Valle del Aconcagua.

List of Photographs

Listado de Fotografías